CONSIDÉRATIONS

SUR

L'ÉTAT ACTUEL DE L'EUROPE.

On trouve chez les mêmes Libraires :

DE L'IMPRIMERIE DE Mme JEUNEHOMME-CRÉMIÈRE,
rue Hautefeuille, n° 20.

CONSIDÉRATIONS

SUR

L'ÉTAT ACTUEL DE L'EUROPE;

PAR C. A. SCHEFFER.

PARIS,

L'HUILLIER, LIBRAIRE, RUE SERPENTE, N° 16;
DELAUNAY, LIBRAIRE, AU PALAIS-ROYAL.

1817.

PRÉFACE.

L'ÉTAT actuel de l'Europe étant une conséquence forcée de celui dans lequel elle s'est trouvée pendant les révolutions qui l'ont agité depuis vingt-cinq ans, il est devenu impossible de parler du moment présent sans parler en même temps de celui qui a précédé; dans celui-ci nous trouvons les *causes*, dans l'autre, les *effets*.

On peut dire encore qu'on ne saura se former une juste opinion sur la situation dans laquelle nous nous trouvons, et bien moins encore sur l'avenir qui se prépare, qu'autant qu'on sera parvenu à bien connaître les événemens qui nous ont amené au point où nous sommes.

Qui n'a pas entendu ou lu ces plaintes, ces accusations, qui se sont élevées non-seulement en France, mais en Angleterre, en Allemagne, dans toute l'Europe, contre la révolution française, contre les hommes qui y ont marqué, contre la nation française même? Qui n'a pas entendu dans ce pays accuser les autres nations de leur conduite à son égard, de leur indifférence, de leur inimitié ? Ces plaintes ne provenaient pas seulement des hommes *payés* pour les faire entendre ; mais aussi de ceux qui, entraînés par le sentiment d'un malaise présent, aimaient mieux accuser les peuples en général de ne point aimer la liberté, de ne point connaître leurs véritables intérêts, que d'examiner pourquoi *l'amour de la liberté* n'a pu être accompagné, dès le commencement, de *la connaissance de la liberté ;* pourquoi il n'a pu triompher de suite des obstacles qui se présentaient à l'établissement d'un nouvel ordre de choses.

Je crois que tout homme qui juge

sans passion, est persuadé que la nation française, dans la position où elle se trouvait en 1789, avec la tendance qu'avaient les esprits, et qu'ils devaient nécessairement avoir, avec l'état des lumières à cette époque, ne pouvait triompher entièrement des piéges qui lui étaient tendus, ne pouvait suivre une marche, autre que celle dans laquelle elle fut entraînée par la force des choses. On peut se persuader également que les autres nations éclairées, dans la position où elles se sont trouvées, n'ont pu agir différemment qu'elles n'ont fait, et que sur-tout, dans les derniers temps, elles se sont laissées entraîner par une passion excusable.

Après ce que je viens de dire, on aura déjà aperçu quel est le but de cet écrit. Je m'y suis proposé d'abord d'indiquer par un tableau rapide des révolutions qui ont précédé celles de 1814 et de 1815, les causes qui ont amené en France la terreur, l'anarchie, le despotisme militaire, et enfin les armées étrangères; dans le tableau suivant qui est celui de l'état actuel de l'Europe, j'ai cherché à prouver que les obstacles les plus puissans qui s'opposaient à l'établissement de la liberté, sont surmontés, et que les peuples se trouvent maintenant dans une position plus favorable pour atteindre le but désiré qu'au commencement de la révolution, quoique les apparences pourraient faire croire le contraire.

Il est propable que quelques lecteurs trouveront que j'ai trop dit : à ceux-là, je n'ai rien à répondre; d'autres penseront que je n'ai pas dit assez, je les constitue juges de la possibilité, et je les invite à suppléer aux lacunes qui doivent se trouver dans ces *Considérations*.

Il me resteun mot à dire sur mon premier chapitre.

Je voulais rappeler au souvenir, l'esprit de la révolution; esprit qui régnait non-seulement en France, mais dans diverses parties de l'Europe. Pour pouvoir le faire, il aurait fallu me transporter en idée au milieu de cette époque, et cela m'était impossible.

Dans cet embarras, je trouvai un tableau politique de l'Europe, pendant les premiers temps de la révolution. Il me parut animé de l'esprit de cette époque, et propre à faire connaître la manière dont on l'envisageait alors. Il était écrit par un étranger, un Allemand du nord; et j'avoue que si je n'ai pu résister au désir de le traduire littéralement, c'est que la manière dont l'auteur parle de la nation française, me fit éprouver un trop vif plaisir, pour ne pas me flatter de le voir partagé. Cet écrit prouve aussi qu'un peuple chez lequel il se trouve des hommes qui nourrissent de pareils sentimens sur la France, sentimens appuyés et approuvés par la plus saine et la plus grande partie de leurs compatriotes, n'est point fait pour être l'ennemi de ce pays.

Peut-être aussi comparera-t-on cet écrit avec ceux qui ont paru en Allemagne pendant cette époque où le nom français n'y était prononcé qu'avec terreur et indignation (1).

---

(1) Je dois distinguer ici le *nom français* des individus français. Ces derniers étaient toujours généralement aimés et méritaient de l'être. L'esprit de corps du soldat français était détestable, l'esprit individuel excellent.

Alors on reconnaîtra que la *gloire nationale* ne consiste point (comme l'assurent ces ouvrages qu'on ne voit paraître qu'en trop grand nombre) à livrer des combats, à prendre des villes, à ravager les pays étrangers; mais bien à défendre le sol sacré de la patrie contre toute invasion étrangère, et à chercher avec ardeur la liberté. En effet, si la gloire nationale demande qu'on inspire le respect et l'estime à l'univers entier, qui n'avouera pas que la France en avait plus avant l'empire, et en a plus depuis sa chute, qu'elle n'en possédait sous son existence; quand les hommes qui ne confondaient point la nation avec son gouvernement tyrannique, étaient condamnés au silence, à moins qu'ils n'eussent voulu s'exposer à partager la haine générale des peuples opprimés.

On m'accusera peut-être de répéter souvent les mêmes idées, de les représenter sous toutes les formes que la réflexion peut me fournir; soit! Je pense qu'il y a certaines choses qu'on ne peut trop redire.

CONSIDÉRATIONS

SUR

L'ÉTAT ACTUEL DE L'EUROPE.

CHAPITRE PREMIER.

Tableau politique de l'Europe au commencement de l'année 1799 (1); *par* POSSELT.

QUE par quelque secousse du globe, l'Océan engloutisse la Grande-Bretagne, que du Mont-Blanc à l'Istrie, les Alpes s'affai-

(1) Je garantis la fidélité de cette traduction, l'original parut en 1799, st son auteur était professeur à Rostock, capitale du Mecklembourg-Schwerin.

sent et croulent dans l'abîme, que les sources du Rhin et du Danube se tarissent, et qu'enfin l'Espagne se réunisse à l'Afrique ; cette révolution dans le monde physique ne sera ni plus étonnante, ni plus féconde en changemens extraordinaires dans la forme actuelle de l'Europe, que ne l'a été dans le monde politique la révolution dont nous sommes témoins depuis 1789.

Le colosse asiatique a un pied sur la Vistule ; Varsovie est la résidence d'un gouverneur Prussien ; l'Autriche, par l'acquisition de Venise, est devenue puissance maritime ; le Stadthoudérat est détruit, l'union d'Utrecht dissoute ; près du Pô une république naissante figure déjà parmi les puissances de l'Europe ; Gênes est sans patriciat ; la Savoie et Nice sont enlevés au roi de Sardaigne ; la Belgique, Milan, Mantoue, à l'empereur. Selon toute apparence, les pays au-delà du Rhin sont perdus pour l'Allemagne ; et par conséquent, son antique constitution, qui semblait maintenir l'équilibre de l'Europe, est sur le point de subir un changement total, changement d'autant plus facile à effectuer, que la constitution de l'Allemagne n'offre qu'un assemblage de parties hétérogènes ; que son système politique ne lui donne aucune force intérieure; qu'enfin un certain respect pour son ancienneté, et l'opinion accréditée de sa nécessité, l'ont soutenu seuls au milieu des orages politiques. En un mot, la Russie gagnant de jour en jour vers le midi, la Prusse reculant de plus en plus ses frontières, tout un grand royaume et la plus ancienne république anéantis; un déchirement de pays qui transforme le Polonais en Russe ou Prussien, qui rend le Vénitien sujet de l'Autriche, le Lombard républicain, et l'habitant du Brisgaw vassal du duc de Modène; tous ces changemens qui présentent des contrastes si frappans dans le système politique de l'Europe, n'ont point été amenés par le cours doux et insensible des siècles: ils sont l'ouvrage rapide de quelques années. Nous n'avons cependant point encore parlé du plus grand événement de nos jours, cause première de tous les autres, et qui seul suffisait pour renverser tout l'ancien systême politique.

Au centre de l'Europe est un grand pays, point de réunion de tous les peuples civilisés, le plus fertile en ressources, le mieux pourvu de forces intérieures; ce pays, appelé par la nature à jouer le premier rôle dans toutes les crises qui agitent l'univers, est habité par un peuple de vingt-six millions d'individus : nation spirituelle, mobile, vive à l'excès, livrée à toute sorte d'enthousiasme, qui régna toujours sur l'Europe par ses saillies et ses modes, et l'étonna souvent par l'éclat et la rapidité de ses exploits. Tout-à-coup ce peuple oublie qu'il mit pendant une longue suite de siècles sa gloire à rester fidèle à ses rois; il veut, avec une sorte de rage, être la nation la plus libre de l'univers. Dès-lors, on ne le reconnaît plus : ces hommes doux, affables, que l'on croyait livrés à la mollesse, déploient une résistance énergique, une constance sans bornes dont Rome et Sparte n'offrent point d'exemple. Mais s'ils sont plus forts, plus redoutables que ne le fut jamais aucun peuple, c'est à leurs principes qu'ils le doivent. Presque tous les potentats de l'Europe s'arment contre eux. « Des baïonnettes ne triomphent point des « principes, » s'écrient leurs philosophes; « autant d'ennemis à combattre, autant de « victoires pour nous », disent ces braves citoyens; ils dirent, et le succès ne trompa point leur attente.

Ils avaient laissé à leur souverain tout le pouvoir compatible avec leur liberté; on veut les contraindre à lui restituer son ancienne toute-puissance... Ils brisent son sceptre et proclament la république.

La France république !.. Les sages et habiles diplomates sourirent à ce prétendu padoxe : ce fut à leurs yeux un songe enfanté par le délire de la fièvre; une bulle de savon prête à s'évanouir dans les airs. En effet, cette nouvelle république convenait si peu à la vieille Europe, qu'il devenait absolument nécessaire que l'une fut anéantie, ou que l'autre se réformât. Il en fut de cela comme de tout ce que produit le génie et l'enthousiasme. « L'Allemagne ne comprendra point « votre langage, » disait-on à *Klopstock*, lorsqu'il eut terminé les premiers chants de sa *Messiade* : « Qu'elle l'apprenne, » répondit le poëte. C'est ainsi que la nouvelle république voulut que désormais l'Europe apprit une politique jusqu'alors inconnue.

Le combat fut sanglant, terrible, tel qu'il devait être. Il ne s'agissait plus de l'intégrité de la *Silésie* ou de la *Bavière*; il s'agissait d'un ancien ou d'un nouveau monde. Alors, pour la première fois, la comparaison favorite d'*Ossian* ne fut plus une simple image poétique : on vit effectivement la lutte de deux génies. Si dans cette guerre la fortune eût favorisé un autre parti, si la France eût subi le sort de la Pologne, la situation de l'Europe, du monde politique et moral eût été tout à fait différente; mais la France a triomphé, et il s'est formé maintenant deux systèmes diamétralement opposés, contraires comme le jour et la nuit, comme le feu et l'eau; l'un dans le nord, l'autre dans le midi. Le premier avait pour principe fondamental : « Un seul ose tout contre tous. » Le second : « Tous osent tout contre un seul. » Celui-ci triompha en France; celui-là en Pologne. Si ce dernier était dangereux pour les peuples, l'autre l'était plus pour les souverains : car, au lieu d'être fondé sur la manière de penser de deux ou trois hommes, il l'était sur l'opinion de plusieurs millions d'individus; nombre qui pouvait s'augmenter aisément, parce que l'âme étant infiniment plus susceptible d'impressions que le corps, la contagion soit en bien, soit en mal, est incomparablement plus prompte dans le monde moral que dans le monde physique.—En temps de peste, on ordonne des quarantaines, on fixe des limites qu'on ne peut franchir; mais jamais un rempart de baïonnettes ne fermera le passage à l'opinion.

Les Français soutinrent leurs opinions les armes à la main. Une nation lutta contre des armées; le résultat fut ce qu'il devait être. Le nombre des ennemis qui les attaquaient à la fois de tous côtés, la tactique imparfaite des troupes françaises, la trahison de leurs généraux, les factions, les guerres civiles, tout fut vain, tout disparut devant l'enthousiasme d'un peuple persuadé qu'il se battait pour la plus noble et la plus juste des causes. Le mépris qu'il avait inspiré d'abord se changea bientôt en terreur. Ses ennemis qui prétendaient lui dicter des lois de soumission dans sa capitale, virent bientôt flotter ses étendards jusque dans Amsterdam, près de Madrid, de Rome et de Vienne. Cette guerre, entreprise pour démembrer la France, augmenta au moins d'un cinquième son territoire, sa population et ses revenus. Le projet de donner à la France des limites naturelles et stables, ce projet que Louis XIV, secondé des Turenne, des Villars et des Luxembourg, ne put exécuter, fut réalisé dans un moment où l'intérieur de la France ébranlée exigeait une nouvelle organisation ; il le fut avec des troupes indisciplinées, avec des généraux qui venaient de finir leurs études, ou qui portaient naguères le fusil sur l'épaule, qui, pour la plupart, n'avaient pas trente ans, et malgré les efforts de généraux expérimentés, de troupes aguerries et une résistance telle qu'il n'en a jamais été opposée à aucun peuple. Le Rhin, dans son vaste cours et le sommet des Alpes. bornent la France à l'est et au sud ; dans les plaines immenses qui s'étendent de là jusqu'aux Pyrennées, tout est propriété française ; elle est adossée à l'*Italie* et à la *Sicile* par la conquête des îles vénitiennes ; les nouvelles acquisitions de l'Autriche lui restent en flanc, et une communication directe lui est ouverte avec les Grecs qui peut-être ne sont pas entièrement déchus de l'esprit de leurs ancêtres. Non content de s'être rendu libre, inattaquable, plus terrible que ne le fut jamais aucune nation, ce peuple a jeté autour de lui une ceinture de républiques réformées à sa manière.—Au nord, la Batave; au midi la Ligurienne et la Cisalpine : il a établi une façon nouvelle de penser et de sentir; il a créé, s'il est permis de s'exprimer ainsi, un nouvel *esprit universel*. A l'époque où le pouvoir monarchique semblait avoir atteint le dernier période de hauteur et de développement, où l'on croyait la France tellement épuisée qu'on la comptait pour rien dans la balance politique, où nos docteurs annonçaient hautement l'entier anéantissement de son influence, où l'un des plus célèbres publicistes de l'Angleterre ne voyait à la place de ce pays qu'un grand vide sur la carte de l'Europe, à cette époque, les Français s'arment de cette formule magique : *liberté, égalité;* et en moins de six ans, plus de quarante millions d'individus des cent quarante-cinq que l'Europe renferme, répètent ces paroles avec enthousiasme, et forment pour l'attaque et pour la défense, non-seulement une alliance, mais même dans la plus stricte acception du terme, une seule nation. Quel poids, quelle impulsion, une masse pareille et si contiguë ne doit-elle pas donner à la balance politique de l'Europe! Trouve-t-on, dans les annales les plus reculées de l'histoire, une puissance comparable à celle-là? La force réelle de l'ancienne Rome était concentrée dans la seule Italie; son pouvoir sur le reste du monde était précaire, contraire à l'ordre naturel, et était fondé sur la stupidité des autres nations. Les siècles derniers virent les sombres plans des Philippe, des Ferdinand et des Louis, déjoués non-seulement par la défiance de tous les cabinets, mais encore par la haine universelle; et ce fut sur-tout cette haine qui les fit définitivement échouer. Mais la plus grande force du nouveau système est dans sa séduisante popularité. Il fait particulièrement jouer les ressorts moraux, en général les plus puissans, que la résistance ne peut affaiblir, et qui, par elle, acquièrent même un nouveau degré d'élasticité. Déjà le mot *aristocrate* est effacé de nos livres élémentaires; il n'en existe plus que dans quelques cantons suisses, et dans la petite république de Lucques dont la situation paraît devoir bientôt changer. Déjà les rois que ce géant républicain avait le plus offensés, le plus proche parent de l'infortuné Louis, et le roi de Sardaigne dépouillé de la cinquième partie de ses états, ont cru ne pouvoir mieux faire que de le cajoler, et de contracter avec lui une alliance hétérogène.—Tous ces prodiges, la république française les a opéré au moment de sa grande renaissance politique, lorsqu'elle était en guerre avec neuf puissances, sans numéraire, au milieu de la terreur et des chocs de la révolution qui assurait son existence; lorsque dans son sein l'agriculture, l'industrie, le commerce, tout ce qui vivifie un état, semblait paralysé mortellement. Que sera-t-elle, quand ses immenses ressources intérieures, aujourd'hui considérablement augmentées, recouvreront après un peu de repos une nouvelle vie, une force nouvelle?

Nous sommes donc depuis 1789, comme transporté dans un monde nouveau. Notre carte d'Europe est une antiquité; quelques chapitres de notre statistique ont été retranchés, on en a ajouté d'autres, tous ont subi des altérations. La politique marche sur un terrain entièrement neuf. En suivant la direction ordinaire sur cette terre inconnue, on s'égarerait plus promptement qu'en prenant Homère pour guide sur les côtes de la *Natolie.* La France a donné plus à faire aux hommes d'état, que le penseur de *Kœnisberg* aux philosophes.—Dans ces dernières années du dix-huitième siècle, les oppositions frappantes, les rapprochemens singuliers, qui accompagnèrent les événemens prodigieux dont nous fûmes les témoins, ne pouvaient avoir qu'un résultat entièrement neuf.—Nous avons vu *Frédéric-Guillaume* faire des conquêtes que Frédéric II, avec tout son génie, n'aurait pu faire; nous avons vu les mêmes puissances faire la guerre pour détrôner un roi avec lequel elles étaient en paix, et ensuite pour en rétablir un autre; nous avons vu tous les monarques de l'Europe former une ligue d'un accord saus exemple, et cette ligue, la plus redoutable dont l'histoire fasse mention, devenir peu à peu le foyer de haines nouvelles; nous avons vu des peuples libres combattre en même temps avec le plus grand succès et le plus grand malheur; le nom de la Pologne effacé, tandis que la France s'élevait à la hauteur la plus imposante; nous avons vu des exploits dignes d'un éternel souvenir, les trônes chancelans, les peuples frappés d'admiration, et tous les miracles de la liberté. Mais nous avons vu aussi des forfaits qui n'avaient pas encore souillé les pages de l'histoire, des horreurs dignes du génie créateur des furies; nous avons vu les mêmes hommes esclaves du plus lâche des tyrans sur les bords de la Seine, héros dans les plaines qu'arrose le Rhin, sur le sommet des Alpes et des Pyrennées; nous avons vu pour la première fois un peuple conquérir pour rendre libre; enfin, des états nouveaux élevés sur les ruines des plus anciens empires; quelques-uns réduits à rien, d'autres agrandis de leurs pertes, tous sortis de leur assiette. Voilà le spectacle qui jusqu'à présent a frappé nos yeux ; le sort de l'Allemagne n'est point encore fixé; mais tout semble présager de grands changemens dans sa constitution; le mémorable congrès de *Rastadt* doit les décider.

CHAPITRE II.

Tableau politique de l'Europe depuis la révolution jusqu'à nos jours.

C'est ainsi que s'exprimait en 1799, un publiciste éclairé de l'Allemagne. Son écrit peut servir de preuve, que dans ce pays on avait compris la révolution française, que le feu électrique de la liberté avait animé de son ardeur, les cœurs généreux dans toute l'Europe.

Mais si cet écrit porte l'empreinte du caractère de cette époque mémorable, il peut également servir de preuve qu'on ne savait pas définir alors la liberté, cet objet d'un culte universel; qu'on ignorait entièrement les moyens de l'établir conformément aux besoins, aux intérêts et à la civilisation des peuples modernes.

Cette ignorance, ou plutôt cette inexpérience, a été la cause principale des malheurs que l'Europe a éprouvé depuis vingt-cinq ans, et qu'elle éprouve encore. C'est ce que je vais essayer de prouver.

De l'assemblée constituante, et des causes qui l'ont amenée.

La France, ce grand point de réunion de tous les peuples civilisés, appelée par la nature à jouer le premier rôle dans toutes les crises qui agitent l'univers, avait donc oublié qu'elle mit pendant une longue suite de siècles sa gloire à rester fidèle à ses rois; elle voulut donc devenir du pays le plus asservi de l'Europe, celui le plus libre de tous.

Ce beau moment, où la France prit enfin cette grande résolution, avait été amené d'une part par les progrès des lumières; de l'autre par la conduite des souverains même qui précédèrent le malheureux Louis XVI.

Louis XIV, en ruinant la France par son faste et par ses guerres, apprit au peuple que sa misère est le fruit inévitable de ce qu'on appelle la gloire du monarque et la splendeur de sa cour.

La corruption des mœurs du régent et de ses *roués*, étalée aux yeux de la nation entière, était faite pour détruire cet antique respect pour la royauté que le long règne de Louis XV changea en mépris.

Louis XIV, Philippe d'Orléans et Louis XV, avaient préparé les états-généraux, l'accroissement des lumières et des besoins du tiers-état, secondé par les talens des philosophes qui brillèrent dans le dix-huitième siècle, avaient amené l'assemblée nationale constituante.

Jamais aucun peuple n'a eu d'époque plus brillante que ne fut pour la France, celle marquée par les travaux de cette assemblée et par l'enthousiasme qui régnait dans toute la nation pour tout ce qui paraissait noble et grand. Jamais aucun peuple n'a possédé à la fois autant d'hommes d'un génie supérieur, de talens aussi marquans, aussi étonnans que la France en comptait à cette époque.

La nation française avait alors deux tâches à remplir : la première était de renverser l'ancien systême, l'autre d'établir la liberté d'une manière durable.

Pour la première, il ne fallait que de l'énergie, et la haine du despotisme jointe à la connaissance des préjugés et des priviléges qui le soutenaient; pour la seconde, il fallait de l'expérience, du calme, et une modération pleine de fermeté.

La première tâche fut remplie; les travaux de l'assemblée constituante en sont la preuve. Chaque jour était marqué par des décrets qui détruisaient quelque institution gothique, quelque privilége féodal. Et à peine ces décrets étaient sortis de l'enceinte où siégeait cette illustre assemblée, qu'un cri d'approbation et d'allégresse s'élevait sur les bords de la Seine, et retentissait depuis les Pyrennées jusqu'aux Ardennes; depuis la Méditerranée jusqu'à l'Océan, pour être répété ensuite par tout ce qu'il y avait d'hommes généreux sur la surface de l'Europe, qui voyaient leur cause dans celle des Français.

Mais, quant à la seconde tâche, celle qui était la plus difficile par le fait, elle ne pût être remplie. L'expérience manqua, la modération devait manquer aussi par une conséquence nécessaire de la nature humaine, qui toujours s'exaspère par la résistance, et ne sait point s'arrêter dans la victoire.

Du parti aristocratique.

Le parti des aristocrates fut vaincu dans la tentative de résister au vœu général, et à l'esprit du siècle. Voyant qu'il devait nécessairement avoir le dessous dans la lutte établie entre la liberté et le despotisme, entre les droits de l'homme et les priviléges féodaux, il changea de tactique, et en prit une toute nouvelle.

Dans le commencement il s'était opposé ouvertement aux améliorations proposées au sort du tiers-état, et avait défendu opiniâtrement ce qu'il appelait ses droits. Vaincu malgré ses efforts, il résolut de pousser le parti opposé dans tous les excès possibles, d'en faire commettre même en son nom, afin de dégoûter la masse des peuples de la liberté, afin de jeter le ridicule et l'atroce sur sa cause sacrée.

De l'émigration.

Ainsi, d'après le nouveau plan de défense des aristocrates, une partie des leurs devait émigrer : c'est-à-dire, déclarer une guerre à mort à la révolution et à ses défenseurs. Une autre partie devait s'occuper de corrompre ceux d'entre les patriotes, qui, entrés dans cette cause, n'y avaient point apporté cette pureté de principes, qui met les hommes à l'abri de l'appât de l'or et d'une vaine ambition; et malheureusement le nombre de gens corruptibles était considérable, et devait l'être par la nature de la révolution française et de toute révolution semblable.

Les *nobles* émigrèrent donc en foule: et par cette désertion ils furent la cause première du renversement du trône, qu'ils auraient dû défendre. En l'abandonnant ainsi, ils donnèrent au parti révolutionnaire les moyens de proclamer que le roi ne cherchait qu'à renverser la constitution à laquelle il venait de jurer fidélité (1). Quand ensuite les émigrés se rangèrent dans la coalition des souverains armés contre la révolution, les jacobins purent faire croire au peuple que le roi des Français était dans la coalition contre la France. Rien alors ne put le

---

(1) Il est connu par tous les écrits qui traitent de cette époque, ainsi que par les Mémoires de madame Laroche-Jacquelin, que les nobles, avant d'émigrer, se rendaient à Paris, et venaient prendre congé du roi.

sauver, ni les vœux des véritables patriotes, ni les efforts des girondins.

De l'influence exercée par le ministère anglais et par le parti aristocratique pendant la terreur.

Mais, si d'un côté le parti aristocratique consentit à la perte du monarque et de ses plus proches parens, il put s'en venger d'un autre côté sur les amis de la liberté. Ceux-ci payèrent bientôt de leurs têtes, leurs talens, leurs vertus, leur ardent patriotisme. L'or du ministère anglais avait acheté avec facilité ces misérables auxquels l'exagération et l'oubli de tous les principes de la liberté ont valu une courte, mais injuste popularité. Un jour on saura peut-être combien il en a coûté à ce ministère pour faire punir ce vertueux vieillard, l'immortel Bailly, de sa présidence au jeu de paume; à quel prix il a acheté les têtes des Condorcet, des Vergniaud et des Français, l'ornement et l'honneur de leur patrie et de l'humanité (1).

(1) Le témoignage des contemporains doit être d'un grand poids sur une pareille question. Or, la

Mais les peuples sauront avant ce jour, que ce ne fut point la révolution de 1789 qui a inondé la France de sang, et l'a fait tombé sous le joug de l'anarchie et du despotisme militaire dont l'Europe entière a éprouvé les funestes conséquences.

Mais pourquoi, dira-t-on, le parti aristocratique et le ministère anglais hâtèrent-ils, par leurs intrigues, par leur conduite, le renversement du trône et de l'ordre social

---

plupart des hommes qui ont paru sur la scène de la révolution sont d'avis que le ministère anglais a payé les bourreaux des défenseurs de la liberté française. Voici ce qu'on lit à ce sujet dans l'*Essai historique et philosophique de la révolution française;* par Paganel : ouvrage trop peu connu. « Il n'est « plus douteux aujourd'hui que Pitt, le plus imper- « turbable ennemi de la liberté des peuples, n'ait « soudoyé les plus sanguinaires terroristes et les « plus féroces réacteurs. La politique anglaise sera « dévoilée. » Pag. 268, tom. 1er, chap. *Jacobinisme.*

en France? Pourquoi s'exposèrent-ils à la chance des événemens qui pouvaient les entraîner? La réponse est facile.

La révolution de 1789 avait établi une lutte entre l'ordre existant en Europe et les idées de liberté et de philanthropie. Ces dernières, si elles triomphaient en France, devaient triompher par-tout, puisqu'elles étaient populaires par-tout. Il fallut donc les anéantir en France, les rendre impopulaires en Europe ; et, pour parvenir à ce double but, il fallait faire ce qu'on a fait, précipiter la France dans l'anarchie et dans la terreur, et effrayer les peuples en leur présentant le tableau qu'offrait ce pays, comme suite inévitable de tout effort de leur part pour le renversement du despotisme, et pour l'établissement d'un nouvel ordre de choses.

Les hommes éclairés ne crurent point sans doute à de pareils mensonges; mais leur voix fut proscrite, et ne put plus se faire entendre. Les peuples ajoutèrent foi à leurs ennemis; ils perdirent de leur enthousiasme pour la révolution, et les souverains coalisés trouvèrent les moyens de soutenir la guerre contre la France, et de recruter leurs armées.

De la naissance de l'esprit militaire et de son influence.

Ces armées furent défaites. La révolution avait produit dans la nation une activité, un enthousiasme, qui la rendaient capable de tout faire, de tout souffrir. Quand le règne de la terreur remplaça celui de la liberté, cet enthousiasme, cette activité, portèrent nécessairement les hommes qui en étaient remplis, à voler aux frontières pour défendre au moins l'indépendance de leur patrie opprimée par une faction qui avait déclaré une guerre à mort à tous les défenseurs de la liberté.

« Alors on vit les mêmes hommes, esclaves du plus lâche des tyrans sur les bords de la Seine, héros dans les plaines qu'arrose le

Rhin, sur le sommet des Alpes et des Pyrennées. » (1)

Mais, si ce sentiment qui entraînait dans les camps la jeunesse française, était noble et généreux, il n'en eut pas moins des conséquences fatales à la liberté.

D'abord, les hommes qui allèrent affronter les fatigues et la mort dans les combats, étaient ceux dont la constance et le courage, appliqués aux affaires intérieures, auraient pu déjouer les trames des ennemis de la liberté, et dont les efforts auraient fini alors par triompher. Mais l'impulsion donnée par la nécessité de défendre l'intégrité et l'indépendance de leur patrie, les ayant une fois poussés dans la carrière militaire, et cette carrière leur promettant une gloire facile à acquérir par des Français et par tout homme enthousiasmé comme ils l'étaient alors, ils perdirent de vue le noble but de

(1) Pag. 28.

leurs premiers efforts; et bientôt l'amour de la gloire militaire remplaça l'amour de la liberté, au nom de laquelle ils s'étaient d'abord armés.

Progrès de l'esprit militaire.

Cette influence se fit sentir de plus en plus. La France, attaquée dans le commencement, poursuivit les agresseurs sur tous les points du continent. Les Français accoutumés à tenir garnison en Allemagne, en Italie, dans la Hollande, forcés de servir d'instrumens à la rapacité de leurs chefs et de leur gouvernement, et à opprimer les peuples étrangers, leurs alliés mêmes, perdirent leur caractère de *citoyens*, et devinrent *soldats*. Ils s'accoutumèrent à l'obéissance aveugle envers leurs chefs.

Dès-lors le mal n'eut plus de bornes. La France était livrée entièrement aux tentatives de quelques intriguans avides de pouvoirs et de richesses. Enfin, elle était prête à subir le joug du premier ambitieux qui aurait assez d'audace pour aspirer au despotisme.

Cet ambitieux parut, et Bonaparte trouva un pays qui n'avait gardé *ostensiblement* de la révolution que les maux produits par un choc très-vif, par une commotion intérieure très-forte. Il trouva une armée nombreuse, prête à tout faire pour son chef; des généraux avides d'*honneurs* et prêts à se soumettre ou à ramper; dans l'intérieur, une population entièrement militaire, c'est-à-dire, porté à cet enthousiasme que donne le tambour et la trompette. L'écume de la révolution, composée de ces hommes qui avaient pu se tirer de tous les orages, parce qu'ils avaient toujours rampés, occupaient toutes les places, étaient maîtres de l'administration. Les honnêtes gens, les patriotes effrayés, n'osaisent élever la voix, étaient punis s'ils osaient la faire entendre.

Établissement de l'empire.

Rien ne s'opposait donc à l'établissement du despotisme impérial, le contraire en tout du gouvernement que devait établir la révolution de 1789. Il était fondé sur l'esprit militaire de la nation, et cet esprit avait été provoqué par la guerre faite à la révolution. Il avait été amené d'un côté par suite des intrigues des aristocrates, de l'autre par la force des choses et des événemens.

En effet, ce n'est point à la nation française qu'on peut adresser le reproche de ne point avoir aimé la liberté, d'être venu au devant du joug que Bonaparte, aidé des Talleyrand et des Fouché, lui a imposé. Si même ce malheur peut être imputé en partie aux nations, c'est sur leur inexpérience seule que doit tomber l'accusation. Peut être la postérité, éclairée tout à fait, l'imputera entièrement à l'infernale politique du ministère anglais, qui combattit sans cesse la révolution de 1789 pour la dénaturer (1).

Bonaparte, devenu Napoléon Ier, et chef de la quatrième dynastie, voulut être sou-

---

(1) *Essai sur la politique de la nation anglaise et du gouvernement britannique.* Chap. VI.

verain comme l'avaient été ses devanciers sur le trône de la France, comme l'étaient ceux qui régnaient sur la Russie et sur l'Autriche. Comme il ne pouvait malheureusement prétendre à la légitimité, il voulut cependant tenir le plus possible de la grâce de Dieu, et se fit sacrer par le pape. Il s'entoura de princes, de ducs, de comtes et de barons, et rétablit ce que la révolution avait détruit, la noblesse et le clergé. Autrefois les rois étaient gênés par la puissance des grands seigneurs; c'était une raison pour ne point rétablir la féodalité dans toute son antique splendeur. Il en créa une nouvelle qui, en tenant tout de lui, pouvait le servir plus efficacement à l'oppression du peuple.

Examinons maintenant quelles étaient les dispositions des peuples et des cabinets étrangers envers la France et envers son gouvernement impérial.

Marche de l'opinion des peuples et des souverains sur la France.

Les peuples les plus éclairés de l'Europe, l'Angleterre, la Hollande, le nord de l'Allemagne, l'Italie, étaient favorables à la révolution française; les principes sur lesquels elle était basée, étaient populaires chez eux.

La coopération plus ou moins grande de ces peuples, contribua beaucoup aux succès des Français sur la coalition de Pilnitz.

En Angleterre, des clubs furent formés pour seconder la révolution. Ils ne se bornèrent point à une stérile approbation, mais ils envoyèrent en France des secours considérables en argent et en effets militaires; et jamais le gouvernement n'aurait pu se joindre ouvertement à la coalition, s'il n'était parvenu à plonger la France dans l'anarchie et dans la terreur.

La Hollande fit davantage encore : elle se joignit ouvertement à la France, et se souleva contre le Stathouder, membre de la coalition.

Les Allemands, les Italiens, reçurent avec

un enthousiasme difficile à décrire, les légions françaises sorties des frontières de leur patrie, afin de poursuivre les armées alliées.

Quand ces peuples virent ensuite le despotisme régner en France sous le nom de *la terreur;* quand ils virent ce pays qu'ils avaient regardé comme la patrie et le foyer de la liberté en proie aux factions, leur enthousiasme se réfroidit; et quand enfin le régime impérial s'établit sans difficulté sur les ruines de la république, un sentiment tout contraire s'empara d'eux.

En même temps le traitement qu'ils reçurent de la part de la France, était fait, il faut l'avouer, pour changer en haine l'amour et l'intérêt avec lesquels ils avaient d'abord reçu les Français.

La Hollande, qui avait appelé les armées républicaines dans son sein, qui s'était engagée à entretenir trente mille Français pour l'aider à se défendre contre les Anglais et leurs alliés, se vit traiter en pays conquis. A peine avait-elle habillé, équipé trente mille hommes presque nus, qu'on lui envoyait, qu'ils étaient remplacé aussitôt par autant d'autres dans la même situation. Elle était livrée en même temps à des vexations, à des spoliations d'autant plus odieuses à supporter, qu'on avait été loin de s'y attendre.

L'Italie, l'Allemagne, éprouvèrent le même traitement de la part des gouvernemens républicains.

Sous l'empire, ces pays transformés en royaumes, en départemens, désolés par la conscription, humiliés dans tous leurs sentimens nationaux, ruinés par une stagnation complète de leur commerce, ne virent plus de terme à leurs maux, et ils attendirent avec impatience le moment de rompre un joug odieux, et de venger leur confiance trompée.

On sent que dans une pareille situation des peuples, le parti vaincu par celui qui avait invoqué les Français, put relever la tête, se recruter des gens faibles qui ne savent approfondir la cause des événemens, et rétablir son crédit.

Si le *mouvement rétrograde* de l'opinion des peuples envers la France avait atteint son plus haut degré sous le règne de Bonaparte, il n'en était pas ainsi des princes ni du parti aristocratique.

L'opinion des peuples avait été le plus favorable à la France, en 1789, quand ils espérèrent voir s'établir dans ce pays un gouvernement franchement constitutionnel. Cette opinion s'était affaiblie quand l'anarchie remplaça la liberté. Mais tant que dura la république, il resta toujours l'espoir de voir troimpher cette forme de gouvernement qui parle le plus directement à l'esprit des hommes; cette opinion était devenue contraire à la France, quand le despotisme militaire succéda enfin au directoire.

Les princes au contraire, et le parti des cours, avaient tremblé en voyant l'assemblée constituante détruire la féodalité et diminuer les priviléges de la couronne.

Ils s'étaient rassurés en voyant la France livrée aux factions, et sur-tout à cette faction qui fit périr sur les échafauds, et qui proscrivit tous les hommes attachés à la liberté.

Ils s'étaient réjouis en voyant enfin la monarchie rétablie en France, quoiqu'elle le fut en faveur d'un soldat parvenu, et plus ce soldat parvenu se raffermissait sur le trône, plus il s'attachait à régner en roi de droit divin, plus leur confiance s'augmenta : car alors ils se crurent à l'abri des révolutions.

Quand enfin cet homme était sacré par le pape, quand il eut asservi la pensée, quand il eut créé des colonnes mobiles, quand, non content d'avoir établi le despotisme en France, il chercha encore à l'établir dans toute l'Europe; à seconder par-tout les princes contre leurs peuples, il n'y en avait aucun d'eux qui ne lui donna volontiers le titre de frère, qui ne lui eut donné volontiers, sa fille ou sa sœur en mariage.

Mais, malheureusement, cet homme ne pouvait vivre en paix. Deux raisons s'y opposèrent : l'une fut son ambition démesurée, l'autre, le désir de maintenir son pouvoir; et cette dernière considération fut plus puissante qu'aucune autre.

Causes des guerres entre les souverains et l'empire.

La révolution française avait jeté dans toute la nation un besoin d'action indomptable, une activité morale et physique qui voulait être employée. Le souvenir de la république, et sur-tout des premiers temps du directoire, n'étaient point encore éteint entièrement; il se serait rallumé avec force, si cette activité avait pu se tourner sur les affaires intérieures. Pour la distraire de ce point important, il fallait l'employer, lui donner un aliment étranger, assez puissant pour l'occuper entièrement, pour l'absorber même, et pour cela il fallait faire la guerre continuellement jusqu'à ce qu'il n'en restât plus de traces.

Ainsi, malgré les dispositions pacifiques des princes de l'Europe, ils se virent obligés, par l'attitude hostile de Bonaparte, d'écouter les propositions du gouvernement anglais, qui, dans sa position particulière, trouvait des avantages à la guerre qu'il dirigeait en apparence contre le gouvernement de la France, mais en effet contre la prospérité de ce pays. Le cabinet de Saint-James sentait que par cette politique, il pouvait agrandir sa puissance maritime, et détruire celle des autres pays, en s'emparant de toutes leurs possessions coloniales. Il prévoyait peut-être qu'en engageant Bonaparte dans une lutte où il s'agissait de l'existence de l'un d'eux, il le pousserait à agir comme il a fait.

Causes de la supériorité de la France.

L'Autriche, la Prusse et la Russie, soutenus par l'or anglais, firent donc à diverses reprises la guerre au chef de l'empire. Mais dans ces guerres il avait sur ces états une supériorité incalculable. Leurs forces réunies n'auraient pu contrebalancer celles de la France d'alors, qui entraînait avec elle l'Italie, la Hollande, la Suisse, et presque toutes les petites souverainetés de l'Allemagne. Sa force était homogène, les leurs étaient hétérogènes sous tous les rapports. Les cabinets de Vienne, de Berlin et de Saint-Pétersbourg, n'étaient jamais véritablement unis, et Bonaparte était lui-même le centre de toutes ses forces. Il avait une armée organisée selon le système de la révolution, animée de cette ardeur que laisse dans les ames une commotion intérieure très-forte; et les armées alliées étaient organisées selon l'ancien système, c'est-à-dire composée d'hommes enlevés de leurs foyers par la force, menés et dressés par le bâton, et commandés par des *nobles*. Si l'on joint à cela le talent militaire de Bonaparte et de ses lieutenans, et l'impéritie des généraux opposés, on concevra que le succès ne pouvait pas être douteux.

Il ne le fut pas. Quelques batailles semblaient avoir décidé du sort de l'Allemagne et de l'Autriche. La nouvelle dynastie paraissait consolidée pour toujours par le mariage de Bonaparte avec une princesse du sang impérial; la France semblait avoir oublié la révolution de 1789 et la liberté; la nouvelle génération était élevée dans les principes du pouvoir militaire; l'administration était organisée le plus fortement possible pour le maintien du despotisme, et elle lui était dévouée; les anciens nobles mêmes crurent à la perpétuité de la nouvelle dynastie, et vinrent ramper à la cour, où leurs ancêtres avaient rampés sous d'autres maîtres.

Dans cet état de choses, il restait cependant des ennemis à vaincre. L'Angleterre soutenait toujours la guerre et gagnait du terrain de son côté; le parti libéral commençait à agir et à former un centre d'opposition; les Allemands, les Hollandais, l'Italie, n'attendaient qu'un signal pour se soulever, et pour briser le joug qui paraissait les accabler.

Le résultat de la campagne de Moscow décida enfin le mouvement; les Russes passèrent l'Oder, et le roi de Prusse se joignit à l'empereur Alexandre.

Rétablissement de l'indépendance de l'Allemagne.

Si le roi de Prusse n'avait fourni à son allié, pour tout secours, que son ancienne armée réorganisée, Bonaparte pouvait espérer de regagner encore le terrain qu'il avait perdu. Mais les membres de l'*Union de la vertu* avaient conçu un autre plan de défense et d'attaque. Ils avaient compris que la nation française avait résisté aux efforts de la coalition de Pilnitz, parce qu'elle était défendue par des milices nationales, et qu'elle combattait des armées permanentes. Ils avaient donc préparé une *landwehr* et une *landsturm*, pour combattre des armées permanentes. Mais la France avait eu des milices nationales, parceque la liberté appelait les citoyens sous les bannières de l'indépendance. Ils voulurent donc que la voix de la liberté se joignit au cri de l'indépendance pour préparer les Allemands à tous les sacrifices, à tous les efforts nécessaires pour assurer l'une et l'autre; et le roi de Prusse, et après lui les princes qui se joignirent à la coalition, furent obligés de proclamer que le *peuple se battait pour sa propre cause, que sa liberté serait le fruit de la victoire.* (1)

Ainsi, après vingt-cinq ans la chance était tournée. L'Allemagne se servait des moyens

(1) Proclamation de Kalitz : « *La liberté ou la mort* », s'écriaient-ils alors.

par lesquels les Français avaient triomphé de leurs ennemis, pour regagner son indépendance. La France se servait de l'arme qui naguères s'était brisée contre elle, pour tenir sous le joug des peuples qui jamais n'auraient dû devenir ses ennemis.

Il faut l'avouer cependant, les efforts de la France pendant la révolution étaient plus généreux en cela, qu'ils étaient dirigés uniquement contre les gouvernemens qui l'attaquaient; et si des hommes vendus et animés d'un esprit contraire à celui de la nation, ne se fussent emparés du timon des affaires, on l'aurait vu conquérir pour rendre libre.

Tel ne pouvait être l'esprit de la nation allemande, armée pour recouvrer son indépendance. Elle n'était point encore assez éclairée sur ses intérêts, pour ne point se laisser entraîner par la haine que lui inspirait le nom de Bonaparte, et pour ne point confondre la nation française dans cette haine.

D'ailleurs, elle était dirigée par les gouvernemens, et quoique l'amour de la liberté animait ses efforts, elle se confiait pour l'accomplissement de ses vœux sur les promesses des gouvernemens, promesses qu'elle apprit plus tard à estimer à leur juste prix. Sa cause fut moins belle que celle des défenseurs de la révolution, en ce qu'elle se battait sous les mêmes bannières avec des Russes et des Autrichiens, tandis que les autres ne voyaient dans leurs rangs que des citoyens, que des hommes armés pour la défense des principes attaqués par la coalition de Pilnitz.

Succès des souverains alliés.

Comme la justice et l'enthousiasme étaient du côté des Allemands, ils parvinrent à repousser Bonaparte de leur territoire. En même temps la Hollande se souleva ; l'Italie reçut ses éternels ennemis en libérateurs ; la Suisse ne put garder sa neutralité ; et bientôt les souverains alliés purent passer le Rhin pour poursuivre leurs succès. Ils le firent, mais en offrant toujours la paix, et les négociations de Châtillon prouvèrent qu'aucun d'eux ne songea même au rétablissement de l'ancienne dynastie sur le trône de la France.

Abdication de Fontainebleau.

Quelques fautes de Bonaparte, sur-tout celle d'avoir laissé une grande partie de son armée dans les forteresses du Nord, son refus d'accepter les conditions qui lui furent offertes, et enfin la trahison de ces hommes qui l'avaient aidé à monter sur le trône et qui avaient soutenu son despotisme, amenèrent l'abdication de Fontainebleau.

Les souverains alliés durent se réjouir de ce triomphe de la légitimité ; la nation française applaudit elle-même au retour des Bourbons, qui semblait lui assurer le repos et qui devait être favorable à la cause de la liberté.

Influence de la victoire des alliés.

Il le fut en effet, non-seulement en France, mais aussi en Europe.

Il a été dit plus haut, que le parti vaincu par celui qui avait invoqué les légions de la révolution, profita du mouvement rétrograde de l'opinion des peuples, pour se relever et pour rétablir son crédit. Quand en 1813 et 1814 les peuples secouèrent le joug français, ce parti se trouva nécessairement à la tête du mouvement, il se trouva organisé; l'autre ne put l'être, et se vit dans l'impossibilité d'agir.

Ainsi, le fils du stathouder, expulsé des Sept-Provinces-Unies, rentra dans ce pays sans aucune opposition; il en fut de même des petits potentats de l'Allemagne et de l'Italie : cela ne fut qu'une suite nécessaire des événemens, et se trouva dans l'ordre des choses. Une autre conséquence inévitable fut que tous ces princes agrandirent leur pouvoir; ainsi, la république de la Hollande eut d'abord un *prince souverain*, et bientôt après un *roi*.

Dans ce retour général vers l'ancien état des choses, ou dans cette *contre-révolution*, les peuples s'étaient laissés entraîner d'abord par un premier mouvement; peut-être aurait-on pu croire alors au rétablissement de l'ordre politique renversé par de si grands efforts, par une volonté si fortement marquée des peuples, ou bien à l'établissement d'un ordre de choses pire encore, d'un despotisme universel.

Bientôt après on put se convaincre du contraire. Les révolutions dont l'Europe avait été le théâtre depuis un quart de siècle, avait agrandi considérablement la masse des idées et des lumières dans les peuples, elle avait créé par-tout des intérêts nouveaux, tant *moraux* que *physiques*.

Ainsi, dès que les peuples furent revenus de leur première stupeur, il s'engagea partout une lutte entre ces nouveaux intérêts, et entre le pouvoir. Les nations, long-temps absorbées par des guerres et des événemens extérieurs, tournèrent leur activité sur leurs propres affaires. Des hommes de la nouvelle génération, étrangers à la fois à tous les préjugés, à tous les excès de l'anarchie et du despotisme, élevèrent la voix et se rallièrent aux principes proclamés en 1789 et appliqués si heureusement sous un autre hémisphère. Long-temps comprimée par le despotisme militaire, la voix de la liberté ne s'en fit entendre qu'avec plus de force; par-tout on voyait les gouvernans étonnés et embarrassés, incertains dans leur marche, et ignorant les moyens à suivre. Un nouveau système se préparait.

La France avait reçu du roi une charte constitutionnelle, la meilleure peut-être qu'un roi ait jamais donné de son propre mouvement. Mais plusieurs articles parurent susceptibles d'améliorations; l'opinion publique se formait rapidement et acquérait de jour en jour des forces nouvelles; malgré les restrictions mises à la liberté de la presse, il était devenu impossible de l'opprimer, et on voyait paraître des ouvrages hardis et forts des principes et du talent de leurs auteurs. Une session encore, et cette liberté, qui est la sauve-garde de toutes les autres, devait être débarrassée de toutes ses entraves. En vain les hommes qui rêvaient le rétablissement de leurs priviléges tentèrent-ils quelques efforts infructueux sur différens points de la France, la nation marchait à pas précipités vers un ordre franchement constitutionnel.

L'Allemagne se souvenait des promesses faites par les souverains en 1813. Elle demandait hautement leur accomplissement. Des adresses fermes et hardies parvinrent aux congrés des princes, et vinrent troubler leurs fêtes. Des journaux, des écrits, tel que ce pays n'en avait jamais vu, répandirent de nouvelles lumières dans toutes les classes du peuple, et dirigèrent l'opinion publique vers la grande régénération politique de la nation.

L'Italie murmurait. Le joug autrichien indignait et soulevait déjà la nation, et les mécontens pouvaient trouver alors un appui dans le roi de Naples.

Une grande guerre se préparait entre les principales puissances de l'Europe. La haine contre le gouvernement anglais avait remplacé celle contre Bonaparte. Cette guerre aurait été favorable à la liberté, puisque les princes auraient été forcés de faire des concessions aux peuples pour pouvoir la soutenir; elle aurait mis en jeu la suprématie du cabinet de Saint-James, acquise par de longs efforts; il pouvait y perdre son royaume de Hanovre.

Révolution de 1815.

Pour parer ce danger, il n'existait qu'un seul moyen. Bonaparte devait revenir de l'île d'Elbe. Une flottille anglaise l'accompagna jusqu'en vue des côtes de la France. Le retour de cet homme devait réunir les souverains par un commun danger. Il devait précipiter de nouveau les peuples dans l'arêne sanglante, à peine abandonnée, et leur faire oublier la liberté et leurs affaires intérieures; il pouvait aussi ruiner la France par une guerre civile: car il était difficile de prévoir qu'elle n'aurait pas lieu; et le ministère anglais ne croyait pas qu'il s'exposerait à la chance de la bataille de Waterloo.

La guerre civile n'eut pas lieu, Bonaparte revint aux Tuilleries sans aucun obstacle. Abandonné par la nation qui ne voyait plus en lui, après la publication des *actes additionnels*, que l'homme qui l'avait régi d'un bras de fer pendant dix ans, attaqué par l'Europe entière, trahi par ceux-mêmes auxquels il venait de donner les ministères les plus importans, une seule défaite suffit pour le forcer à abdiquer de nouveau, malgré le dévouement de son armée.

Dans la crise où se trouvait alors la France, la nation prit l'attitude la plus noble; le patriotisme qui, en 1791, avait triomphé de la coalition de Pilnitz, se réveilla dans tous les cœurs. De tous côtés on courut aux armes ; des bataillons de gardes nationaux accoururent à la défense de la capitale ; l'armée brûlait du désir de venger ses lauriers flétris. Des paysans armés de bâtons résistèrent aux progrès des avant-gardes russes ; la représentation nationale déploya le caractère le plus grand ; la France pouvait imposer encore aux souverains alliés, et obtenir une paix honorable ; mais les hommes qui avaient trahi Bonaparte, trahirent encore la nation, et Paris ouvrit ses portes aux Anglais.

La capitulation fut violée aussitôt que faite. Les alliés profitèrent de leurs avantages ; et le second traité de Paris fut conclu...

Ainsi, la révolution sembla vaincue ; elle devait établir la suprématie politique du pays qui l'avait conçue, et ce pays vit en apparence toute son influence détruite, son indépendance même menacée ; elle devait faire triompher le dogme de la souveraineté des peuples, c'est-à-dire, leur droit de se constituer eux-mêmes, et la légitimité fut établie comme article fondamental de la politique européenne.

Causes générales qui ont amené les contre-révolutions.

L'histoire des vingt-cinq années écoulées depuis 1789, fait connaître les causes qui ont amené cette grande contre-révolution. Je vais essayer de présenter ici ces causes sous leur aspect le plus général.

Pour qu'un peuple puisse être libre, il ne suffit pas qu'il veuille l'être. Il pourra renverser le gouvernement qui l'opprime ; mais s'il ne sait en quoi consiste un bon gouvernement, il se verra bientôt opprimé de nouveau, avec la seule différence que ce sera par d'autres hommes et sous d'autres noms.

Il ne suffit point encore qu'il y ait dans la nation un certain nombre d'hommes qui connaissent la liberté et qui la veulent : car, si la masse du peuple n'a point assez de lumières pour apprécier leurs vues et leurs intentions, elle court le danger de devenir l'instrument et le jouet de quelques ambitieux, et de sacrifier ses véritables défenseurs à ses ennemis.

La France comptait à l'époque de la révolution, un grand nombre d'hommes supérieurs; la classe moyenne était instruite, mais malheureusement la classe la plus nombreuse n'avait que son amour pour la liberté et pour l'indépendance de la patrie; il n'y avait parmi elle ni assez d'instruction, ni assez de lumières.

Pour guider alors la nation vers la liberté, il aurait fallu lui donner des institutions qui l'eussent forcé d'acquérir ce qui lui manquait en lui donnant l'occasion d'exercer le plus fréquemment possible ses droits politiques et civils; mais qui auraient en même temps prévenu et empêché toute tentative démagogique.

Ceci fut impossible, par deux raisons ; d'abord par la résistance opiniâtre du parti aristocratique à toute amélioration ; ensuite par la fausse tendance politique des esprits éclairés mêmes.

Les hommes qui brillèrent en 1789 par leurs talens et par leur patriotisme, avaient été élevés dans ces temps malheureux où la France était courbée sous toute espèce de despotisme à la fois, despotisme militaire, despotisme nobiliaire, despotisme du clergé, despotisme ministériel, despotisme des intendans et des officiers de la couronne.

Les hommes trop élevés pour se laisser flétrir par le despotisme, cherchèrent une consolation dans les lettres, et sur-tout dans la philosophie. Quand ensuite ils se virent à la tête du mouvement national, ils se trouvèrent avoir beaucoup de *principes abstraits* de politiques, et connaître fort peu les *intérêts*.

Les *intérêts* des nations modernes peuvent être définis, ce me semble, comme demandant *le libre exercice des facultés intellectuelles et industrieuses.* Les *principes* proclamés par l'assemblée constituante et par les hommes qui dirigeaient à cette époque l'opinion publique, étaient formés sur la lecture des anciens, et par conséquent ils étaient souvent en opposition directe avec les intérêts. « Les baïonnettes ne triomphent point « des principes », s'écriaient-ils; « périssent « plutôt les colonies qu'un principe, » s'écriait un législateur, et cela dans un moment où on attachait une trop grande importance aux colonies : « Périssent plutôt la « moitié de la France, la moitié de sa po- « pulation, de ses richesses, que les prin- « cipes », auraient-ils dit également.

Avec cette manière de voir, les institutions qu'on voulait élever ne purent être durables.

Il faut ajouter à cela que les hommes qui

renversèrent le vieil édifice gothique, tout en connaissant les abus sur lesquels ils reposaient, ne connurent point les abus qui pouvaient les remplacer et devenir aussi nuisibles que les anciens à la liberté et au bonheur du peuple.

Ils ne songèrent point, et ils ne purent songer peut-être, qu'en ne faisant rien pour l'industrie, en créant pour le tiers-état une nouvelle carrière, celle des places, en attachant à cette dernière trop d'importance, ils créaient de nouveaux élémens pour le despotisme.

Aucun d'eux ne songea non plus à prévenir les maux que pouvait causer à la France et à l'Europe l'extension donnée à l'esprit militaire.

En un mot, le mal qui se fit pendant la révolution, le bien qui ne se fit pas : tout fut une suite inévitable de l'inexpérience des peuples, qui ne leur a pas permis d'éviter les piéges qui leur ont été tendus par leurs ennemis. L'anarchie, la terreur, le despotisme militaire, et tout ce dont nous avons été les témoins depuis le commencement de ce siècle, en furent des conséquences forcées.

CHAPITRE III.

Tableau politique de l'Europe en 1817.

QUAND un observateur philosophe écrivit en 1799, qu'aucune révolution dans le monde physique n'aurait été plus étonnante, n'aurait produit des changemens aussi extraordinaires dans la forme de l'Europe, que ne fit la révolution politique arrivée en 1789, personne sans doute ne pouvait vouloir contester cette vérité.

Depuis le commencement de ce siècle nous avons été témoins de nouvelles révolutions, suite de la première; mais qui néanmoins n'ont eu de commun avec elle que de produire de nouveaux changemens dans la forme politique de l'Europe; changemens non moins surprenans que ceux arrivés à l'époque où les peuples se réveillèrent de leur long engourdissement.

Tableau géographique.

En effet, si nous comparons l'état actuel de l'Europe à celui de 1799, nous nous apercevrons que tout est changé, que tout est bouleversé.

Le colosse asiatique a fait de nouveaux progrès. Varsovie n'est plus la résidence d'un gouvernement prussien. L'Autriche non-seulement possède Venise, mais elle règne sur toute l'Italie, et ses troupes tiennent garnison à Naples et à Alexandrie à la fois. Le stathoudérat, détruit dans les Sept-Provinces-Unies par la jalousie du parti républicain, n'a point été rétabli, il a été transformé en royauté. La *Sainte-Alliance* remplace toutes ces ligues faites pour maintenir ce qu'on appelait autrefois l'équilibre de l'Europe. Gênes est devenue province du royaume de Sardaigne. L'empire autrichien a renoncé à ces provinces auxquelles la politique de son cabinet attachait autrefois une si grande importance. La rive gauche du Rhin appartient de nouveau à l'Allemagne; son antique constitution n'en a pas moins été détruite par la volonté des souverains mêmes, fatigués de tout lien, quelque faible que soit l'obligation qui en résulte envers les peuples. Ce pays offre plus que jamais un assemblage de parties hétérogènes. En un mot, la Russie a encore gagné vers le midi: son cabinet habile a profité de tous les avantages qu'il peut retirer de l'ambition des petits souverains de l'Europe en a attaché plusieurs à ses intérêts par des alliances de famille. La Prusse a reculé de nouveau ses frontières, et est limitrophe à la fois de la France, de la Russie, de l'Autriche, des Pays-Bas, et de presque tous les états de l'Allemagne. Toutes les anciennes républiques sont détruites. De nouveaux déchiremens de pays ont eu lieu. Le Lombard n'est plus républicain, il porte les mêmes chaînes que le Vénitien. Le Saxon est devenu Prussien, ainsi que l'habitant de la rive gauche du Rhin. Le Mayençais est transformé en Hessois, il est voisin des nouveaux sujets de la Bavière, dont le souverain a oublié la longue inimitié qui animait sa maison contre celle de Lorraine. Tous ces changemens, que le plus habile diplomate du dix-huitième siècle n'aurait pu prévoir, ont été l'ouvrage difforme et monstrueux d'une seule année.

Le continent a changé de forme depuis 1799. A peine aperçoit-on les *nations* qui alors occupaient presque exclusivement la scène politique; elles n'agissent plus directement. Maintenant ce sont les gouvernemens qui agissent, c'est eux dont on suit les mouvemens.

Avant la révolution française, différentes ligues de souverains et d'états occupèrent tour-à-tour l'attention générale. Mais aucune puissance ne dominait sur l'Europe. Les petits états exercèrent alors de l'influence. Les grands n'avaient point encore atteint la hauteur à laquelle nous les voyons actuellement.

Pendant l'existence de la république, la nation française seule attirait tous les regards, les cabinets qui l'attaquaient disparaissaient auprès d'elle. Son propre gouvernement n'était rien ; elle était tout.

Sous l'empire, Bonaparte attirait à lui seul l'attention de l'Europe. Le cabinet de Saint-James n'était qu'en seconde ligne, puisqu'il se défendait, et que l'autre attaquait.

Mais depuis que le gouvernement anglais a triomphé, n'importe par quels moyens, c'est lui qui est devenu l'agent principal, c'est lui dont on suit avec anxiété tous les mouvemens, dont on cherche à deviner les desseins. La Russie se trouve en seconde ligne : sa politique n'est guère difficile à suivre ; elle cherche à s'agrandir.

C'est une vérité bien reconnue que le gouvernement anglais a l'ambition la plus vaste que jamais aucun gouvernement a eu ; il n'aspire à rien moins qu'à faire du continent européen, de secondes Indes.

Nature du gouvernement anglais.

La nature de ce gouvernement est telle, qu'elle lui permet de suivre un pareil plan ; elle ne peut être comparée qu'à celle que l'auteur du manuscrit de Saint-Hélène attribue à l'empire autrichien.

« La cour de Vienne a une politique te-
« nace, que les événemens ne dérangent ja-
« mais. J'ai été long-temps avant d'en de-
« viner la cause. Je me suis aperçu enfin,
« mais trop tard, que cet état n'avait de si
« profondes racines que parce que la bonho-
« mie du gouvernement l'a laissé dégénérer
« en oligarchie. L'état n'est plus mené que
« par une centaine de nobles; ils possèdent
« le territoire, et se sont emparés des fi-
« nances, de la politique et de la guerre,
« au moyen de quoi, ils sont maîtres de

« de tout, et n'ont laissé à la cour que la « signature..... Les oligarchies font toujours, parce qu'elles ne meurent jamais. »

Cette description du gouvernement autrichien a frappé par sa justesse. On sent que l'oligarchie qui règne dans cet empire peut contribuer à le maintenir dans son système de politique. On sent également qu'elle ne peut être dangereuse pour l'Europe, puisque c'est en Autriche qu'elle existe.....

Le cabinet de Saint-James a aussi une politique tenace que les événemens ne dérangent jamais. En Angleterre, le gouvernement constitutionnel a dégénéré en oligarchie, elle n'est menée que par une centaine de familles, qui possèdent le territoire, et se sont emparés des finances, de la représentation et des ministères, de la politique et de la guerre, au moyen de quoi, elles sont maîtresses de tout, et n'ont laissé à la cour que la signature, et à la nation que des institutions corrompues, et ce qu'elles ne pouvaient lui ôter, la liberté de la presse et le jury (1).

Politique de l'oligarchie anglaise.

Mais si l'oligarchie autrichienne est peu dangereuse pour les peuples, celle qui gouverne l'Angleterre l'est beaucoup par les moyens qui sont à sa disposition, par l'influence que son or lui donne sur les gouvernemens, et par l'étendue de son système.

Ce système ne peut être comparé qu'à

---

(1) J'ai cherché à prouver, dans mon *Essai sur la politique de la nation anglaise et du gouvernement britannique*, combien le système de politique extérieure, adopté par le cabinet de Saint-James, était contraire aux intérêts de l'Angleterre. J'ai indiqué aussi quelles causes *intérieures* pourraient délivrer le monde d'un système aussi affreux, qui ne tend qu'à l'établissement d'un despotisme universel. Dans cet ouvrage, j'ai établi par-tout la distinction entre la nation et le gouvernement, distinction que je me borne à indiquer ici.

celui du gouvernement romain, qui consistait à semer la division entre les peuples et leurs souverains, et à forcer tantôt les uns tantôt les autres à implorer leur secours ; ensuite à provoquer l'affaiblissement et la destruction des états par leurs guerres mutuelles dans un moment où leurs efforts réunis étaient nécessaires contre la puissance romaine, leur ennemie commune.

Les peuples et les rois de l'antiquité furent les dupes et les victimes de l'ambition du sénat romain. Les peuples et les gouvernemens modernes seront-ils les dupes et les victimes de l'ambition du sénat anglais? Il est permis d'en douter. On peut espérer que bientôt éclairés sur leurs intérêts, ils se réuniront contre leur ennemi commun.

Déjà cependant l'oligarchie anglaise a appliqué son systême à l'Europe entière ; il est facile de le suivre dans tous les états du continent. On peut voir que par-tout il a cherché à semer des discordes intérieures, à armer les gouvernemens contre les peuples, et à créer des élémens de haine et de division entre les nations du continent.

Tels sont les moyens qu'emploie l'oligarchie anglaise, et ils ont été couronnés de succès dans plusieurs pays.

L'Espagne sortait victorieuse de la lutte sanglante commencée pour son indépendance. Cette lutte avait retrempé le caractère national dégénéré sous un gouvernement monachal et absolu. Les hommes qui avaient dirigé le mouvement avaient senti la nécessité de changer un ordre de chose qui faisait de leur patrie le pays le plus misérable de l'Europe avec les moyens d'être un des plus florissans. Des institutions libérales pouvaient seules donner un nouveau développement à l'industrie et au commerce, et assurer la prospérité du peuple. La constitution des Cortès devait servir de lien indissoluble entre la métropole et les colonies, qui déjà avaient manifesté leur aversion pour l'inquisition et pour le despotisme. La péninsule allait sortir de sa longue léthargie politique, elle allait prendre place parmi les premières puissances maritimes et continentales..... Mais le cabinet de Saint-James veille. La constitution est renversée; les libéraux sont proscrits, l'Amérique méridionale proclame son indépendance, l'inquisition est rétablie en Espagne, et ce pays est devenu la première victime de la politique de l'oligarchie anglaise.

Elle a trouvé d'autres victimes en Italie. Ce malheureux pays courbé depuis des siècles sous un joug étranger, divisé, partagé, sans que jamais on ait consulté le vœu de ses habitans, possédait deux républiques, autrefois puissantes, et qui, dans le moment présent, auraient pu le devenir de nouveau, puisque toute la force morale et toute l'industrie de l'Italie s'y serait porté. Aucune légitimité ne pouvait être invoquée contre le rétablissement de ces républiques. Le gouvernement anglais les adjugea à la Sardaigne et à l'Autriche, et mit ainsi de nouveaux germes de discorde dans ces états, puisque les Vénitiens et les Génois n'oublieront jamais leur ancienne indépendance et la prospérité qui en découlait, et que l'état dans lequel ils se trouvent maintenant n'est point fait pour leur inspirer un pareil oubli.

Le canton de Berne, le plus puissant de la Suisse, nourrissait autrefois dans son sein une aristocratie ennemie du peuple, et surtout de la classe industrieuse. Cette aristocratie avait été détruite pendant la révolution française. Il est évident que l'oligarchie anglaise devait la rétablir pour être conséquente à son systême.

Qu'on ouvre les actes du congrès de Vienne, qu'on examine les échanges territoriales, on verra avec quel art le gouvernement anglais a su donner à chaque état des provinces qui lui étaient étrangères par les affections et les intérêts de leurs habitans, autant que par leur position; et on se persuadera de plus en plus de l'étendue du système qui opprime dans ce moment l'Europe entière.

Il est inutile de citer d'autres exemples à l'appui de ce que j'ai avancé.

C'est l'Angleterre par conséquent qui, à l'époque actuelle, attire d'abord les regards et fixe l'attention générale.

Après elle, nous voyons la Russie s'avancer à pas de géans vers le midi de l'Europe. De la Russie.

Depuis cent ans cet empire a doublé sa puissance. Les provinces qu'il a enlevé à la Suède, à la Turquie, à la Perse, la Pologne, la Courlande, qui portent maintenant son joug, lui donnent plus d'influence sur les affaires de l'Europe que ces terres dépeuplées, ces déserts de neiges, ces steppes qui autrefois formaient le domaine des Czars.

Des armées russes ont parcouru toute l'Europe; l'Allemagne, la France, l'Italie, les Pays-Bas, ont vu des Cosaques campés dans leurs capitales, et trente mille Slavons tiennent garnison dans des villes françaises (1).

Tandis que le gouvernement anglais s'occupe sans relâche à étendre son influence sur le continent, la Russie cherche de son côté à rattacher à ses intérêts plusieurs états qu'elle a arraché au système anglais. Ces deux ambitions ne finiront-elles pas par se choquer à la fin? La Turquie d'Europe, cette proie si belle pour la Russie, sur laquelle son gou-

(1) On a vu dernièrement, dans les journaux, qu'un soldat russe condamné à la peine du *knout*, s'est tué sur la place en présence de ses camarades. On assure que l'autocrate de toutes les Russies, en apprenant ce fait, a exprimé la crainte que les soldats qui sont en France ne deviennent étrangers à leur patrie, par l'esprit qu'ils prendront dans un pays où le *knout* est inconnu.

vernement n'a point cessé de diriger ses efforts depuis Pierre Ier, et que le gouvernement anglais a toujours protégé, ne fera-t-elle pas éclater enfin l'inimitié entre les deux rivaux ? Tout semble le présager.

Mais si l'ambition du gouvernement anglais est dangereuse pour l'Europe, celle du gouvernement de St.-Pétersbourg ne l'est pas moins, puisqu'elle nous menace de tout le poids de la barbarie de ses sujets; et si la lutte entre ces deux puissances venait à éclater, il serait aussi imprudent de former des vœux pour l'une que pour l'autre.

Après la Russie, c'est la Prusse qui fixe nos regards. De toutes les puissances continentales, aucune ne se trouve dans une position plus fausse. Qu'on prenne une carte de l'Europe, on verra un pays exposé à toutes les attaques, sans point central, sans limites définies ni fixes, qui, avec une longueur démesurée, ne possède aucune profondeur, arrondi nulle part, composé en grande par- De la Prusse.

tie de provinces nouvellement acquises, dont les habitans regrettent leur ancien gouvernement ou ne sont point attachés à leur nouvelle patrie. On concevra que dans une pareille position, le gouvernement n'avait que deux partis à prendre; l'un était d'attacher toute l'Allemagne à ses intérêts, en donnant à ses sujets une constitution libérale, conforme à ses promesses, et en faisant tous les efforts possibles pour établir la confédération germanique, si ardemment désirée. En prenant ce parti, la Prusse s'appuyait de toutes les forces de la nation allemande, et elle n'avait plus besoin de songer à s'arrondir. Il est facile à concevoir que le cabinet de Berlin n'a pas embrassé ce systême. L'autre parti était de s'attacher à la Russie, et c'est celui-là qui a été préféré (1) mal-

---

(1) J'ai exposé, dans le *Tableau politique de l'Allemagne*, chap. IX, les causes de l'aversion des Prussiens pour cette alliance; il est donc inutile de répéter ce que j'ai dit ailleurs. Je fais remarquer seulement

gré le vœu de la nation, dont les pressentimens sur les suites de cette alliance ont été malheureusement trop fondés.

Cette alliance a jeté le gouvernement prussien dans le systême de la Russie, systême d'agrandissement; il doit chercher maintenant à s'arrondir, et le voisinage du Hanovre doit inspirer des craintes au gouvernement anglais.

---

que ce que j'ai prédit relativement à ce pays, s'est accompli déjà en grande partie. La constitution n'a pas été donnée; les états n'ont point été convoqués; le conseil d'état a donné à peine une preuve d'indépendance en se déclarant incompétent pour établir des impôts, et pour discuter sur un budget, qu'il a été prorogé indéfiniment. A l'époque où je publiai ce *tableau*, un publiciste distingué manifesta, dans une feuille périodique, un sentiment contraire à celui que j'avais émis. Je crus alors qu'il comptait beaucoup trop sur la libéralité des gouvernans, et je ne crois pas m'être trompé.

De l'Autriche.

Quant à l'Autriche, sa politique est la même qu'elle a toujours été; elle doit craindre la Russie, elle ne peut aimer la Prusse. Si on peut former une conjoncture sur cet état, il est attaché au système du gouvernement anglais. C'est cette puissance qui excerce le moins d'influence sur l'Europe, puisqu'elle n'a aucune action morale.

Pour ce qui regarde les puissances du second ordre, leur politique est celle du moment; elles aspirent à l'indépendance, et sont du parti du plus fort. Attachés à Bonaparte pendant sa fortune, la Russie en compte plusieurs comme alliés; d'autres se sont attachés à l'Autriche. Si la France reparaît avec énergie sur la scène politique, elle y trouvera pour alliés des princes offensés peut-être par l'autorité exercée sur eux par les *quatre grandes puissances* (1).

---

(1) Je ne crois pas qu'on ait jamais vu une note diplomatique dans le genre de celle adressée par les

Ainsi, l'aspect général de l'Europe offre d'abord aux regards des intrigues diplomatiques et des intérêts qui ne sont point ceux des peuples. Ces intérêts ne finiront-ils pas par se croiser? « Cette ligue, sans « exemple, ne deviendra-t-elle pas de nou« veau le foyer de haines nouvelles (1) ». Voilà à quoi se réduit la question quant aux cabinets.

Dans cet état de chose, si contraire en tout à celui que promettait la révolution de 1789, que sont deveneus les nations? Qu'est devenue cette révolution elle-même qui devait donner la liberté au monde! Des peuples éclairés.

---

ministres des quatre puissances, au roi du Brésil, au sujet de l'expédition de Monte Video, expédition, au reste, que je ne prétends approuver sous aucun rapport, puisqu'elle violait le traité conclu entre la république de Buenos-Ayres et le cabinet de Rio-Janeiro.

(1) Pag. 27

A-t-elle succombé définitivement? N'a-t-elle laissé à l'Europe pour prix de ses efforts, que l'épuisement, la fatigue et ces armées immenses qui la dévorent au sein même de la paix? Je vais essayer de répondre à ces questions.

La première cause des malheurs qu'a éprouvé l'Europe civilisée, c'est l'inexpérience des nations. C'est elle qui a retardé l'ère de la liberté, qui a fait succéder à la révolution de 1789 d'autres révolutions qui n'auraient jamais du avoir lieu; c'est-elle qui a précipité les peuples unis par les mêmes intérêts, les mêmes principes, dans des guerres dont le gouvernement britannique a seul profité.

Cette cause de nos maux a cessé d'exister, et si même la véritable liberté n'est pas encore bien connue en Europe au moins on a acquis la connaissance de tout ce qui lui est contraire. Une grande nation ne pourra plus tomber dans l'anarchie; le despotisme militaire est celui de tous qui est le plus exécré par-tout ; et qu'on ne dise pas qu'il a encore des partisans nombreux en France : ce pays a subi en 1815 une épreuve qui a montré son expérience à cet égard. Alors, quoique Bonaparte eût été rétabli sur le trône par l'armée, la nation n'en montra pas moins sa haine pour cette forme de gouvernement qui l'avait écrasé pendant quinze ans ; et un des premiers articles qu'on trouve dans la constitution projetée par la chambre des représentans, c'est l'incompatibilité du caractère de roi et de prince héréditaire avec celui de commandant des armées.

L'exemple de la France a profité à toute l'Europe. L'Allemagne s'est déclarée avec force contre les armées permanentes, et cela dans le moment même où leurs longs revers avaient fait place à des succès. L'Angleterre, la Hollande, ont conservé leurs anciens principes à cet égard.

On verra encore des bandes de mercenaires, dociles aux ordres de leurs chefs, dévaster des contrées, livrer des batailles; mais on peut assurer avec confiance, qu'on ne verra plus les nations, entraînées par un faux sentiment d'honneur, ou par des passions désormais inexcusables, se précipiter les unes sur les autres, et servir d'instrumens à l'ambition d'un homme, ou de jouet à la politique de l'oligarchie qui règne encore en Angleterre.

Ainsi, le plus puissant levier du despotisme est détruit, depuis que l'expérience, chèrement achetée, a remplacé l'inexpérience des peuples.

Le régime féodal a été détruit en 1789; le républicanisme à la mode des anciens, n'a plus de partisans; on sait, d'après l'exemple de la république française, qu'il est contraire aux intérêts des peuples modernes; le despotisme militaire est un objet d'horreur générale. Toute espèce de despotisme est connue, aucun ne pourra plus tromper les nations européennes. Mais si elles ont acquis l'expérience sur les *choses*, elles en ont acquis aussi sur les *hommes*. Si un Robespierre, un Marat revenaient de nos jours, ils ne seraient que l'objet de la risée publique, même dans une révolution. On connaît aussi ces hommes qui ont trahi tour-à-tour tous les partis, qui ont été exagérés sous la république, sous l'empire, et qui le sont encore aujourd'hui. Ils sont connus; ils ne tromperont plus personne, le mépris universel est dorénavant leur partage. La connaissance des *hommes* n'est pas le moindre des avantages que nous avons actuellement sur nos pères.

Ce n'est plus aussi à des *principes* abstraits, puisés dans la lecture des anciens, que s'attachent les hommes qui veulent la liberté, et qui se sont chargés de la tâche difficile, mais honorable, de la défendre et de la faire triompher. Ils ont étudié les *intérêts* réels des peuples modernes, et la science de l'économie politique a donné par-tout une nouvelle base à la politique, et a rectifié les idées. Son influence est incalculable; le terrain sur lequel nous combattons maintenant, est bien plus beau, notre position bien plus favorable qu'au commencement de la révolution; les dogmes abstraits ne sont capables d'enflammer qu'un petit nombre d'hommes; des intérêts aussi réels que ceux du commerce et de l'industrie, rangent sous la même bannière l'artisan et l'agriculteur, le commerçant et le manufacturier, en un mot une nation toute entière, à cette classe près, qui ne demande qu'à vivre aux dépens de toutes les autres sans rien faire pour elles. Et comme ces intérêts ne peuvent fleurir que sous la protection d'un système universel, fondé sur la justice, ils rangent sous la même bannière toutes les nations industrieuses de l'Europe, c'est-à-dire l'Europe entière, à l'exception de cette race asiatique qui n'a pris de la civilisation que les vices, et qui n'a de commun avec les autres peuples que le sol qu'elle habite.

Après ce que je viens de dire, peut-on

demander si la révolution a succombé? Et que voulait-elle cette révolution? Elle voulait l'anéantissement du systême féodal et de l'inégalité (1) parmi les hommes; elle voulait l'établissement d'un gouvernement constitutionnel. N'est-ce pas dire qu'elle a triomphé. N'avons-nous pas vu le roi de France, à peine rétabli sur le trône, donner une constitution représentative, et reconnaître par-là les nouveaux intérêts? N'avons-nous pas vu tous les souverains reconnaître le principe de la nécessité des constitutions? c'est-à-dire, d'une réforme entière du système de gouvernement; cette inégalité des rangs n'est-elle pas détruite par le fait, et sur-tout par l'opinion sur laquelle elle

(1) Il n'est point nécessaire d'expliquer le mot *égalité*, on sait assez que par-là on n'entend nullement cette égalité absolue, qui ne peut exister que parmi les sauvages; mais l'égalité devant les lois, l'égale répartition des impôts et l'égalité des droits politiques et civils.

était basée principalement? Où accorde-t-on encore des sentimens serviles de respect et de soumission, à des titres de prince, de ducs ou de marquis? Ce n'est point en France, sans doute; ce n'est point non plus en Allemagne, ni dans les Pays-Bas. L'Autriche et la Russie sont les seuls asiles de *la noblesse*. Que ceux qui ne peuvent supporter l'égalité ou l'infériorité à laquelle les condamne leur nullité, s'y retirent, ou qu'ils se soumettent au progrès des lumières. Tout effort de leur part pour nous ramener au *bon vieux temps* serait infructueux.

La révolution n'a donc point succombé; elle a triomphé plutôt, puisque la liberté a fait des progrès dans toute l'Europe; puisque les souverains et les ministres, ceux-mêmes des pays gouvernés encore d'une manière absolue, ont été forcés de lui rendre hommages. Puisque le parti aristocratique en France non-seulement, mais aussi en Allemagne, se trouvant en minorité, a été forcé, pour ne point rendre ses efforts ridicules, à prendre le langage des défenseurs des droits des peuples, puisque ces derniers triomphent même dans leurs défaites, et qu'il suffit qu'un écrivain soit condamné pour avoir défendu les idées libérales, pour qu'il devienne aussitôt l'objet de l'estime de ses concitoyens et de l'Europe. (1)

---

(1) On a pu remarquer cette vérité à l'occasion des procès qui ont eu lieu nouvellement. M. Comte et Dunoyer, et avant eux, M. Chevalier, mis en jugement pour avoir défendu nos libertés constitutionnelles, se sont vu soutenus par l'approbation des hommes les plus distingués par leurs talens, par le rang qu'ils occupent dans l'ordre social, et par leurs vertus. Ils sont condamnés, et qui ne s'honorerait point de leur amitié, de leur estime; ils sont condamnés, et qui oserait les désapprouver. Des pairs de France, des hommes, comme M. La Fayette, Voyer-d'Argenson, Lafitte, Perrier, etc., se sont portés caution pour les auteurs du *Censeur européen*. Une consultation, qui approuve leurs principes et leur ouvrage, a été signée par vingt-un des membres les plus distingués du barreau de Paris, et dans ce moment j'ai entre les mains un prospectus im-

Enfin, par-tout où nous tournons nos regards nous voyons les peuples revenus de

---

primé, que je crois devoir insérer ici en entier.

« Des citoyens qui sont convaincus que la liberté de la presse est la plus sûre garantie des droits reconnus au profit de tous par la charte constitutionnelle,

« Considérant que, tant que cette liberté sera soumise à des lois de circonstance, il importe aux amis du gouvernement et de la patrie, de prendre des mesures qui, sans blesser le respect que la loi commande, soient capables de prévenir, autant que possible, le découragement des écrivains qui consacrent leur plume à la défense des principes et des institutions, sur lesquels se fondent à la fois et la stabilité du trône et le repos des citoyens;

« Que ce soin est sur-tout important depuis qu'on a vu des tribunaux interpréter ces lois de manière à trouver un prétexte pour priver le prévenu du droit sacré de la défense;

« Sont convenus d'ouvrir une souscription dans l'objet de se rendre solidaires des condamnations pécuniaires qui seront prononcées contre ceux de ces écrivains qui, pour avoir voulu remplir cette

leurs erreurs, attachés plus fortement que jamais à la liberté, s'avancer vers un régime constitutionnel. Ici nous voyons la liberté de *droit* qui bientôt existera aussi de *fait*; là nous la voyons exister de *fait*, et bientôt elle y sera consacrée de *droit*.

Mais les nations éclairées de l'Europe ont encore des épreuves à subir; épreuves qu'elles ne pourront vaincre que par une volonté énergique, et par un attachement inviolable à la cause de leurs véritables intérêts. Sous quelque rapport que nous envisageons l'état de l'Europe, nous voyons des grands mouvemens se préparer. Des armées immenses sont

---

tâche honorable, se trouveraient compromis soit par l'erreur, soit pour l'injustice, ou même par l'excessive sévérité des tribunaux dans l'application des lois d'exception. »

Cette souscription, qui honore les écrivains en faveur desquels elle sera faite, est ouverte chez M. le duc de Broglie, pair de France.

levées par-tout au moment où l'épuisement général des finances des états et des sources de prospérité des peuples, demandaient un véritable état de paix. Que signifie cet armement général ? C'est là ce qu'on ne tardera pas d'apprendre. Quel que soit son but, il ne présage ni la tranquillité ni le bonheur, qui fuient depuis si long-temps les peuples, étonnés d'avoir pu supporter des maux pareils à ceux qu'ils ont enduré.

Proclamons une grande vérité dont il est nécessaire de se pénétrer. La liberté ne dépend plus que de nous-mêmes. Dans la position où se trouvent les nations éclairées de l'Europe, elles peuvent toutes parvenir au but de leurs vœux ; et pour cela il ne leur faut que le courage de soutenir encore quelques efforts.

Ainsi que les nations qui possèdent des représentations sachent les arracher des mains des ministères. Que les Français qui, dans ce moment si critique pour leur patrie, sont appelés à élire leurs représentans, se souviennent quels malheurs ils s'attireront si au lieu d'hommes indépendans, ils choisissent des hommes qui regrettent le système féodal, et voudraient nous y ramener, ou des hommes éternels coryphées du pouvoir, quelles que soient les mains entre lesquelles il se trouve.

Que les Anglais se persuadent enfin qu'ils ont à expier aux yeux de l'Europe, les crimes de leur gouvernement, et qu'elle ne peut accepter cette excuse, « nos représen- « tans sont vendus, nos élections influencées. » Une nation doit savoir surmonter de pareils obstacles, et quand elle veut elle aura des représentans qui ne seront point vendus, et des élections libres.

Les Belges se trouvent dans la même position.

Les Allemands doivent penser aussi que leurs destinées dépendent d'eux-mêmes. Si la diète germanique ne s'est encore occupée que de régler des pensions, et pourquoi des adresses signées par des milliers d'Allemands ne lui représentent-elles pas qu'elle a d'autres fonctions à remplir.

Enfin, je le répète, la position de toutes les nations pour établir la liberté d'une manière durable est plus belle que jamais, c'est à elles d'en profiter. Elles seraient dignes du sort que leur prépare la politique du cabinet de Saint-James si une honteuse inertie s'emparait d'elles.

C'est dans un pareil moment que tout ami de l'humanité et de la liberté doit crier aux patriotes de tous les pays. *Unissons nos efforts, souvenons-nous que nos malheurs ont leur source principale dans nos erreurs, dans nos préjugés, dans nos haines mutuelles; abjurons ces haines, foulons aux pieds ces préjugés, alors nos destinées ne dépendront plus de quelques hommes, nous les fixerons nous-mêmes.*

www.ingramcontent.com/pod-product-compliance
Lightning Source LLC
LaVergne TN
LVHW012024220826
846092LV00001B/479

9782016173978